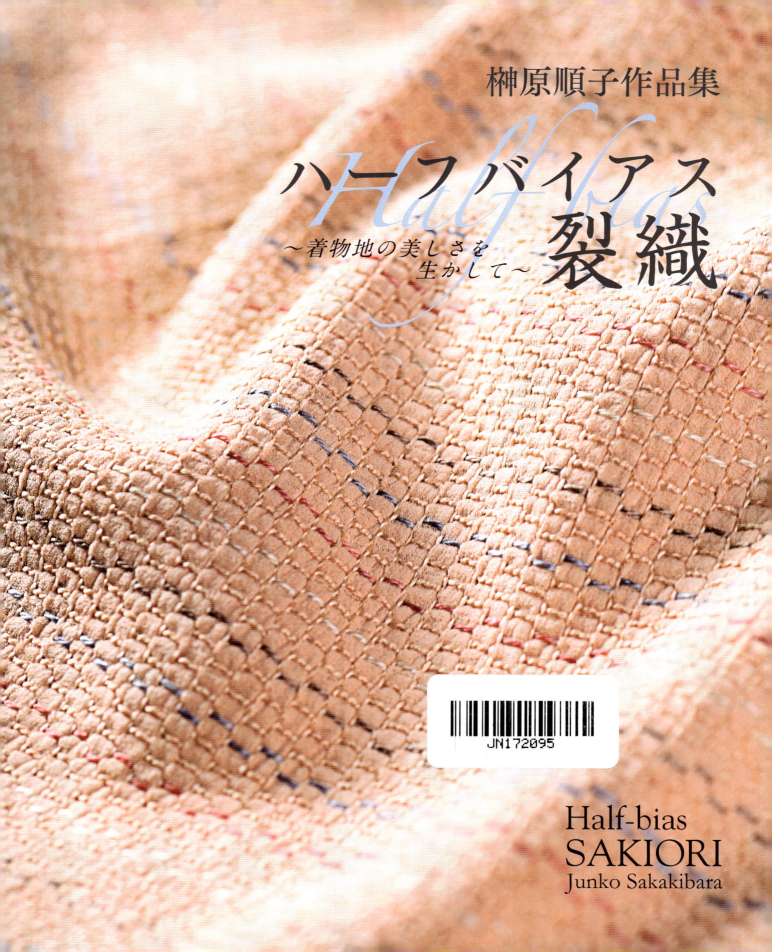

榊原順子作品集

ハーフバイアス裂織

~着物地の美しさを生かして~

Half-bias
SAKIORI
Junko Sakakibara

ハーフバイアス裂織の生まれるまで

あるファッション誌で、フィンランドのポッパナ織で作られたコートを見た時、その美しさに驚かされました。それは、木綿の布を正バイアスに切ったものをヨコ糸にして織り、しなやかなビロードのような風合いに仕上げられていました。これを着物地（主にシルク）でも織ることが出来るのではないかと思い、手元にある着物を解き、洗い、それを1cm巾のバイアステープ状に切り、織ってみると思っている以上に薄く柔らかく織り上がりました。

長い間、服作り・織物に携わっており、自作の織布で服を作ってみたいといろいろな織りで試してみましたが、満足出来るものではありませんでした。

着物地で作る正バイアステープで織った布は、仕立て易く柔らかく体によく馴染み、やっと服作りの布にめぐり会えました。

服地を織る時は40cm巾の卓上機を使っています。（巾広く織る時は、60cm巾の織機を使用します）

巾30～32cm、長さ400～450cm程度織ると上着が出来ます。ふつうの着物地巾は35～40cm位です。これを正バイアステープに切ると、衿・衽では23～27cm、袖・身頃では50～56cm位の長さになります。このテープで30～32cm巾の布を織ると、織地にテープの接ぎ目が頻繁に出てきます。この接ぎ目をなくす方法として、織巾に合う長さにテープを切ることにしてみました。衿・衽では30～32cmに、袖・身頃では60cmの長さに切り、織ると織地に接ぎ目が入ることなく、スムーズに織れ、織地がきれいに滑らかになりました。

着物地で30～32cm、60cmのテープを作るには、正バイアスより物差しを少し寝かせて当てますが、ある程度のバイアス状に切ることができます。これをハーフバイアスと言う場合があり、このハーフバイアス状のテープで織るので、「ハーフバイアス裂織」と名付けました。

この織り方には、2つの方法があります。第1の方法はテープをつぶしながら織る「つぶし織り」です。比較的柔らかい布にむいています。

第2の方法は、テープの巾を二つ折りにしながら織る「二つ折織り」です。

張りのある布、織柄や金銀箔の施された布など、これまで裂織に不向きとされたかたい布でも容易に織ることが出来ます。

この技法を使い、リバーシブル織、レース織、パッチワーク織など応用が広がります。ここに出ている全作品は、卓上機を使い、平織りとその応用の技法で織り、仕上げています。着物地の素材、色を生かしたいので、シンプルなデザインにしています。

左頁：**織　布**
　大柄で金銀箔がついた振袖／二つ折織り
　布を切る時に、大柄と金銀箔の部分そして模様の少ない部分と、テープを分けておくと、
　それぞれを組み合わせることで、リズム感のある織りが出来る。

リバーシブル織り解説→p.40

リバーシブル上着
羽織・コート・長着／二つ折織り・リバーシブル織り

同系色のコートと長着を使って、両面着ることが出来るリバーシブル織りで仕上げました。

組合せを楽しむリバーシブルベスト
長着2枚／二つ折織り・リバーシブル織り

前身頃2枚、後身頃1枚を別々に作っています。
肩・脇・ポケットはボタンで取り外し出来るので、
何通りかの組み合わせで着る事が出来ます。

3枚接ぎのベスト
喪服1枚／つぶし織り

20cm幅で織り、織地を横に接いでいます。接ぎ目にテープをのせ、デザインとして生かしました。

パッチワーク柄のチュニック丈ベスト
長襦袢・配色布 つぶし織り・パッチワーク織り
白襦袢をグリーン系に草木染し、上身頃の一部にパッチワーク織りを入れています。
パッチワーク織り解説→p.42

ボーダーのベスト
長着・羽織の裏／つぶし織り

長着は、濃い紺色ですが、赤色のタテ糸を使う事で、仕上がりが明るくなりました。羽織の裏は、鮮やかなので、配色用の布によく使います。

大島のベスト
大島紬の長着・配色布／つぶし織り

大島紬は織地が少し粗いので、起毛しやすい素材です。

ソフトな上着
絣の長着／平織り

タテ糸に変わり糸を使用したため滑りが悪くなり、打ち込みが弱くテープが潰れずにそのままの色と幅で織りましたが、結果的には、大変柔らかい織地に仕上がりました。

春色上着
長着裏地・羽二重／つぶし織り

羽二重を桜で染め、ヨコ糸にラメ糸を使い少し華やかな印象です。

レースの上着
長着裏地・羽二重／つぶし織り・レース部分は二つ折織り

羽二重をクチナシブルーで染め、部分的にレース織り（羅）を入れた、夏向きの上着です。

藍色上着
長着・丹前などの裏地／つぶし織り

素材と少しずつ色の違う藍染め布で、少しつめて織ったため、多少起毛しています。

柔らかVネックの上着
長着2枚／つぶし織り

1枚は織地のしっかりした布、もう1枚は起毛し易い少し粗い織地の布。この2枚を交互に織りました。

フリル衿の上着
長着の裏地・羽二重／つぶし織り

羽二重を紅木(こうき)で濃淡5色に染め分け、ボーダー柄に織りました。裂織布で、どの程度の細かさのフリルが表現できるのかを試みた作品。

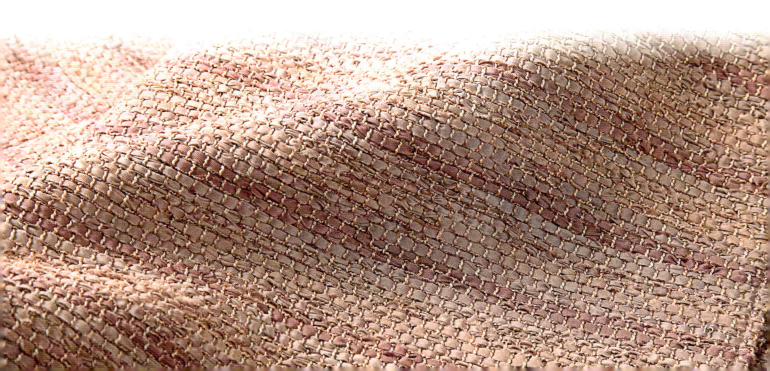

前打合せ比翼仕立て上着
長着2枚／つぶし織り

織地のつまった布（淡赤）と、織地の粗い布（濃赤）をはっきりと色分けして織りました。淡赤はなめらかに、濃赤はビロード状になりました。

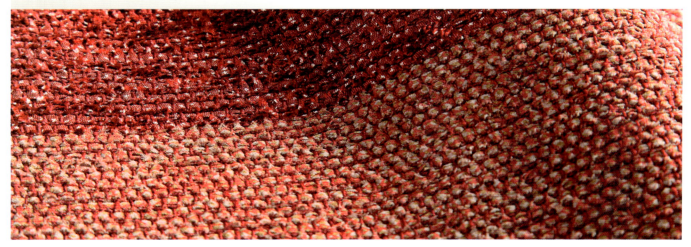

タイカラー七分袖上着
長着1枚／二つ折織り

撚りの強い光沢のあるタテ糸を使ったので、織地は少し糸の感触がありますが、多少光沢のある布になりました。

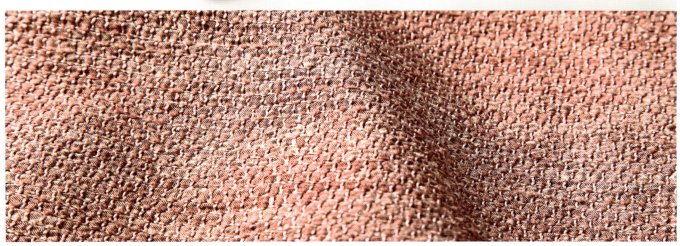

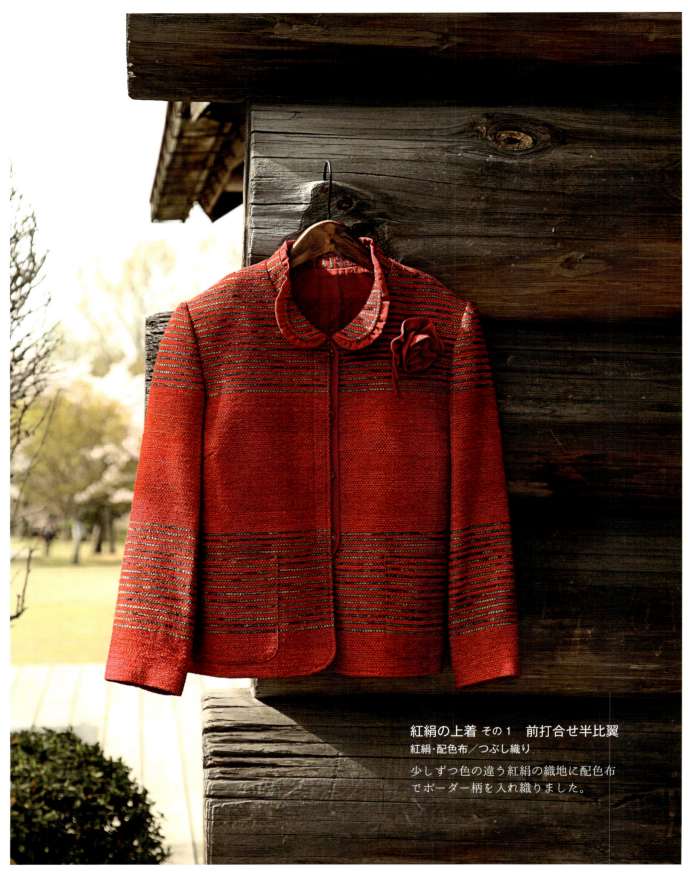

紅絹の上着 その1　前打合せ半比翼
紅絹・配色布／つぶし織り

少しずつ色の違う紅絹の織地に配色布でボーダー柄を入れ織りました。

紅絹の上着 その2　セミラグランスリーブ
紅絹・配色布／つぶし織り
左の作品と同じ織地。セミラグランの袖と
スタンドカラーのデザインで。

織 布
長着1枚／二つ折織り

斜め縞柄布の表面を切ったテープと裏面を切ったテープの柄の違いを生かしました。下のアップ写真は、左が着物地、右が織地。横縞は表面を切ったテープ、縦縞は裏面を切ったテープ。

キモノスリーブの上着
長着1枚・配色布／二つ折織り

織布を横に使い、袖付け無しのデザインです。織布の両端に出るテープを切り揃え、胸元の接目と裾、ポケット口にフリンジとして利用しました。

パッチワーク柄ケープ
黒反物1反・配色布／つぶし織り・パッチワーク織り

着脱の時、裏側が見え易いので、裏側にブラウスと同じ水玉の布を使いました。

ツイード風のジャケット
紬反物2反／つぶし織り

同系色の反物を正バイアスに切って織った初期の作品です。テープとテープの間にヨコ糸が入っていないので、隙間ができないよう強く打ち込んであります。そのため、少し厚手に仕上がりました。

ダッフル仕立ての半コート
大島紬2枚／つぶし織り

正バイアステープで織った初期の作品。織地が多少起毛しています。

かわり衿の半コート
白反物2反・配色布／つぶし織り

白反物と糸は、奄美大島で泥染。濃淡に染め分けてもらい、ボーダー柄に織りました。

ハイネック上着
喪服・地柄の羽織／つぶし織り
前立て・袖に布の一部を使用しています。

スタンドカラー上着
羽二重の喪服・ちりめん他　つぶし織り
素材の違う黒布をランダムに織ってみると、面白い表情の織布になりました。

フード付き半コート
長着4枚／つぶし織り

同系色の長着を4枚用意し、それぞれの素材と柄の違いを生かせる様に織りました。前端の飾りテープを利用しボタン用のループを作りました。

トートバッグ
羽二重／つぶし織り

羽二重をクルミで染め、織布にシルクリボンやビーズで刺しゅうしました。

クッション
絣の袖・帯地／つぶし織り

裂織布幅の足りない分、帯地を足しています。

ショルダーバッグ
大島泥染の残りテープ／二つ折織り

ショルダー用ベルトを取りはずせば、
クラッチバッグになります。

ショルダーバッグ
黒地の端布／つぶし織り

織布にビーズ刺しゅうをしました。

ショルダーバッグ
残ったテープいろいろ／つぶし・パッチワーク織り
バッグの口、マチ、裏面は帯布を使っています。

巾　着
藍染の端布・配色布／つぶし織り

ショルダーバッグと手提げ
藍染布と配色布／つぶし・パッチワーク織り
口と底、ヒモは帯地を使用しています。

織 布
シルクウール・長着／二つ折り織り
ウールの入った張りのある布なので、堅さのある織地になりました。

小物入れ・ポーチ　余ったテープいろいろ／つぶし織り

Half-bias SAKIORI
ハーフバイアス裂織
—ことはじめ—

身につけたときに驚くほど軽くしなやか。
柔らかく滑らかな織地、服地にぴったりの裂織——。
ハーフバイアス裂織は「裂」の字を使っていますが、裂いた布は使わない技法です。
布をロータリーカッターで切った、"ハーフバイアステープ"と
糸と平織りの出来る織機さえあればできるのです。
卓上でも高機でもお手持ちの機を使ってください。
一般的な裂織とハーフバイアス裂織の違いであるしなやかさは、
ほんの少しの織り方の違いで出てきます。
いつもとは違う筬の使い方もありますが、
コツさえわかれば、難しくはありません。
さぁ、ハーフバイアス裂織をはじめてみましょう!

I ハーフバイアステープを作る

ハーフバイアス裂織の技法で服地を織るには、着物地は非常に使いやすい素材です。衿・衽は30〜32cmに、身頃・袖は60cmの長さのテープに切ることができます。この長さは、30cmまたは60cm巾に織る時、織地に接ぎ目が出ず滑らかになり、しかもロスを最小限に収めることができます。

用意するもの
・布（着物地・解いて洗ったもの）
・カッティングボード（45×60cm以上のサイズ）
・60cm定規
・ロータリーカッター
・セロハンテープ
・薄手のチラシ　適量
・1kg程度の重り（ダンベルなど）

使用する布

ほどいて洗った後の布は、巻いて保管しておくと使いやすい。

1 カッティングボードの上に、薄手のチラシ1枚と着物地を重ねて置く。チラシの幅や長さが足りない場合は、セロハンテープでつなぎ合わせる。

ポイント
チラシを使うと、布がカッティングボードに食い込みにくくなる。また、カッターの刃も長持ちする。チラシは、あまり厚くないものが扱いやすい。また、新聞紙は、柔らかすぎることと、着物地を汚す場合があるので避ける。

2 写真のように斜め60cmに定規をあて、定規がずれないよう重りで押さえ、ロータリーカッターで切る。

つぶし織り用のテープは1cm幅、二つ折織りのテープは0.8cm幅に切る。

3 定規を左に0.8〜1cmずらして置き、手前から切る。端は最後まで切ってしまわずに、1〜1.5cm切り残す。

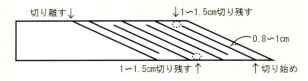

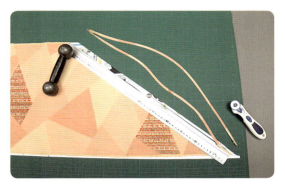

4 つぎに、定規を左に 0.8 〜 1cm ずらして置き、手前から 1 〜 1.5cm 残して切る。

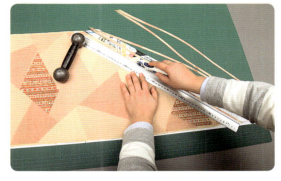

5 これを繰り返し、テープ 7 〜 8 本で切り離す。生地巾の狭い衿や袵は、30 〜 32cm の長さになるように、同じ要領で切る。

6 切ったテープは、長さ・柄の有無で分けてビニール袋にまとめておくと使いやすい。

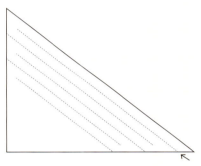

7 最初に切り取った三角の布、最後に残った三角の布も同じ要領で 56 〜 30cm になるよう切り口の方から切って、同じようにビニール袋などに入れまとめておく。

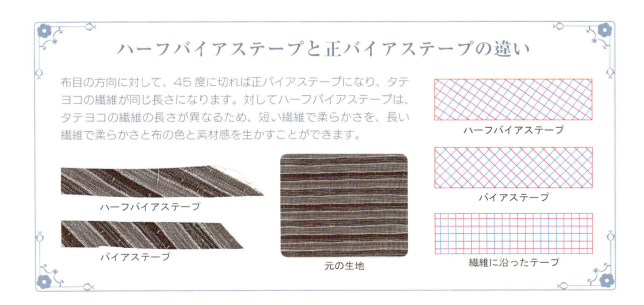

ハーフバイアステープと正バイアステープの違い

布目の方向に対して、45 度に切れば正バイアステープになり、タテヨコの繊維が同じ長さになります。対してハーフバイアステープは、タテヨコの繊維の長さが異なるため、短い繊維で柔らかさを、長い繊維で柔らかさと布の色と素材感を生かすことができます。

ハーフバイアステープ

バイアステープ

元の生地

ハーフバイアステープ

バイアステープ

繊維に沿ったテープ

II つぶし・二つ折　織りの違いを知る

ハーフバイアステープは、従来の「繊維に添って切ったり裂いたりしたテープ」よりも伸縮性があり、しなやかなので扱いやすいです。その特徴が、テープをつぶしたり二つ折にしながら織る方法を可能にしています。それぞれの織布の表情の違いを知り、素材の布に合った方法で織ってみましょう。この織り方はテープ1段、ヨコ糸2段織って1段としています。また、筬は通常で5羽（5/c）程度を使用しますが、厚手の布の場合は、4羽（4/c）でも可能です。

染めの着物で裏面が白っぽい布の場合、同じテープで織っても、織り方で織地の裏面はこのように違う。（上：つぶし織り、下：二つ折織り）

1. 織地の特徴

① つぶして織る場合の特徴

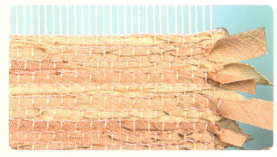

- 織地に少し凹凸が出る
- テープの表面を見ながら織るので、どのような表情に織り上がっているか、確認しやすい。（こちらを織地の表とする）
- 薄くて張りの少ない布は、この方法が向いている。（打ち込む段数が多くなるので、例えば上着用の布を織る場合で長着が2枚必要）

② 二つ折にして織る場合の特徴

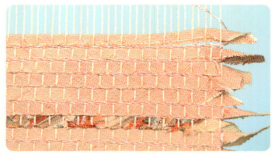

- 織地がなめらかになる
- テープの幅を二つ折にしながら織るので、織地の表面・裏面共にテープの表面が出る。
- 硬く張りのある布、金銀箔柄のある布など、従来の裂織には不向きの布も容易に織ることができ、面白い織地になる。ただし、柔らかい布は二つ折にならず丸まってしまう場合があるので、この方法は不向き。（つぶして織る方法より、打ち込みの段数が少ない。例えば上着用の布を織る場合で、長着1枚程度）

2. 実際に織ってみる

用意するもの
- ハーフバイアステープ
- タテ・ヨコ用の糸（細いシルク、または細めのエジプト綿など）
- つづれ用櫛

ポイント
タテ糸、ヨコ糸をテープと同系色にすると、着物地の色などを生かすことができる。ヨコ糸の色を変えるとテープの色が違った様に見えることもあるので試してみるとよい。

① つぶして織る

1 タテ糸を開口し、テープの表面を上にして山形に入れる。テープは端でカットする。

2 開口を変えてヨコ糸を入れ、筬でテープと一緒に手前まで引き寄せる。

3 開口を変えて、ヨコ糸を入れる。

4 筬でしっかりと打ち込みテープをつぶす。これで、一段織れた。

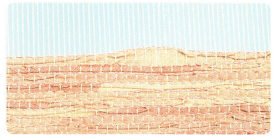

5 つぶれなかった部分は、つづれ櫛などで打ち込んでつぶす。1〜5を繰り返す。

ポイント
- テープとヨコ糸を入れる開口を間違わないように。
- 織幅が狭くならないようにヨコ糸の入れ方（角度）にも注意する。

しまった！ テープの裏面がでてしまっている!?

ハーフバイアス裂織では、テープをつぶすか二つ折で織りますが、必ずヨコ糸2段でテープを押さえるので、基本的に隙間ができたり、テープが動いたりすることはありません。もしテープの裏側が部分的に出てしまった場合は、応急処置として、めくれた部分に筆などでしっかり水を含ませ、目打ちや編み針などの先端の尖ったもので整えます。乾くと織地は落ち着きます。

裏面が出てしまっている箇所。　筆で水をたっぷり塗る。　棒針を使って整える。

② 二つ折にして織る

この織り方は、綜絖と筬が一体の綜絖筬の方法です。
綜絖と筬が別の織機（高機など）では、毎回つづれ櫛などで二つ折にします。

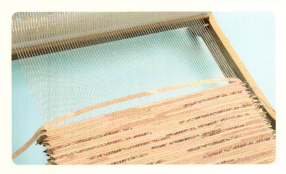

1 タテ糸を開口し、テープの裏面を上にして、山形に一段入れる。

2 端でテープを切る。

ポイント
テープを切らずに織ると織端でテープがつぶれなかったり、二つ折りになりづらいことがある。

3 テープがつぶれないよう、筬で手前に引き寄せる。

① 持ち上げる ／ ハーフバイアステープ ／ 筬 ／ 織地

② 筬でテープを二つ折にする ／ 筬 ／ ハーフバイアステープ ／ 織地

4 筬を立てたまま、軽く持ち上げる。

5 筬を手前に倒す。

6 テープが二つ折になった。

7 二つ折にならない部分は、つづれ櫛などで二つ折にする。

8 開口を変えながらヨコ糸2段織る。

8- 注意点

テープ1段、ヨコ糸2段の繰り返しで織るが、1段目のヨコ糸を織るとき、端のタテ糸にヨコ糸がかからないので、テープかタテ糸に絡めて織ること。

○ 正しい布端の糸の位置　　× 誤った糸の位置

9 これで、一段織れた。開口に注意しながら、1～9の要領で織る。

3. 織り布を仕上げる

織り上がった布の、織り始めと終わりをほつれ止め（粗くかがる）する。43～45度のお湯に柔軟剤（湯5～6リットルに対して小さじ1杯程度）を入れ、織布を浸し十分馴染ませたあと、軽く脱水（あまり長く脱水するとシワができるので洗濯機の場合は10秒程度）し、平らな台の上にのせて、織幅や織地を良く整えてから陰干しする。よく乾いた織布の裏側にドライタオルをあて、スチームアイロンをかけて仕上げる。

III リバーシブル裂織を織る

リバーシブルの織物というと複雑なイメージがありますが、シンプルな平織りで可能な方法です。しなやかなハーフバイアステープだからこその技法で、少し手間はかかりますが、実は基本の二つ折織りと同じで、難しい技術はいりません。好みの色柄を合わせて織ってみてください。

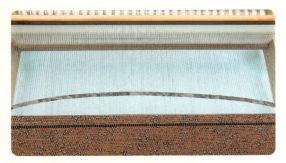

1 織る時に下の面に使用するハーフバイアステープの裏面を上にして開口に入れる。

2 筬でテープを手前まで寄せる。筬を少し持ち上げてから倒し、テープを二つ折にする。

3 二つ折になった。折れていない部分は、つづれ櫛で二つ折にする。

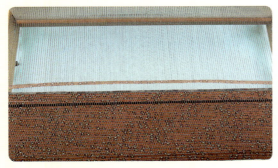

4 開口を変えずに、別のテープ(織っているときに上面にくるテープ)の裏面を上にして入れる。

5 先に二つ折にしたテープの上に、端からのせていく。

6 6号程度の編み棒をテープの間に差し入れ、編み棒の上のテープを指先で滑らせ、二つ折にしたテープが少し見える程度に重ねる。

 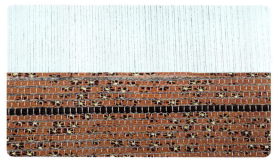

7 筬を少し持ち上げて倒し、テープを二つ折にする。

8 二つ折になった。

9 折れない部分は、つづれ櫛で二つ折にする。

10 全体が二つ折になったら筬で打ち込み、上下のテープの重なりを落ち着かせる。開口を変えながらヨコ糸を2段織る。これで、1段織れた。同じ要領で1～10を繰り返す。

IV 自由な織り方の発想
〜パッチワーク織り〜

写真は一見つづれ織りのように見えますが、パッチワーク織りです。織りながらテープの色を変えていきますが、この方法ならば境目に穴が開きません。織地の中に柄を織り込むことができ、アイデア次第で豊かな表現が可能です。

パッチワーク織を使った作例

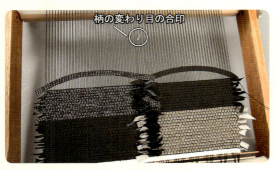

1 同じ開口で、それぞれの柄にテープを入れるが、柄の境目でテープを交差させ1.5〜2cm残して切る。

2 テープをつぶすか、二つ折にするか、いずれかの方法に合わせてヨコ糸を2段織る。これを繰り返して、柄を織り出す。

3 織り上がったら、織り面に出ているテープ端を交差させるように引っ張り、織地を整えて、テープをアイロンで押さえ、1〜1.5cmに切り揃え（図1）、その部分に接着芯を貼る。
p.39の方法で織地を仕上げる。

（表）

（裏）図1

42

V 織り布を洋服に仕立てる

ハーフバイアス裂織布は、柔らかく比較的軽いので服地に適しています。使った布の素材によっては、着ているうちに起毛してビロードのような手触りになることもあります。シンプルなノーカラージャケットは、フォーマルなシーンでもカジュアルにもコーディネイトできるアイテムです。ジャケットの仕立て方のヒントと、裂織布特有の始末の仕方をご紹介します。

用意するもの
- 裂織布　32cm幅×4.5m
- 裏地　90cm幅×1.5m
- 接着芯
  A　柔らかな中厚芯　65cm
  B　少し張りのある芯（見返し用）　適量
  C　ごく薄い芯（縫代、裾、肩などに使用）　適量
- 伸び止め用テープ
- ボタン、肩パット（必要に応じて）

服作りの順序
(1) 前身頃の芯貼り
(2) 前身頃、後身頃、袖の印付け
(3) 後身頃、袖、縫代の芯貼り
(4) 表身頃を縫う
(5) 裏身頃を縫う
(6) 表、裏の身頃を縫い合わせ
(7) 袖作り、袖付け
(8) 仕上げ

1. 製図

作り方を説明するジャケットの寸法は、Mサイズの参考寸法です。

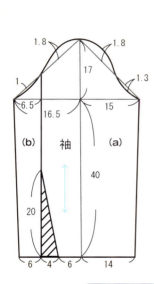
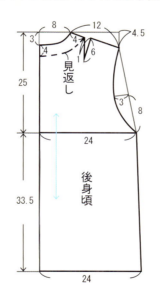
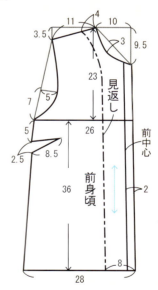

裁断の工夫

裂織を裁断する前に接着芯を貼りますが、接着芯は裁断するラインよりも少しはみ出るように貼っておきます。裁断後、接着芯が残った方の布のほつれ止めとなります。

2. 裂織布をジャケットに仕立てる準備

1 前身頃は印を付ける前、前身頃裏の部分全体に接着芯 A を貼る。（写真 A・図 1）
2 織地の表に型紙をのせ、前後身頃・袖に切り躾で印を付ける。どのパーツも、左右それぞれ印を付ける。
3 裏に返し、前身頃を除き、後身頃・袖に図 2・図 3 のように接着芯 C を貼る。（縫代は 3cm のバイアステープに切った芯を貼る。その他も織地になじむようバイアス状の芯を貼る）
4 縫代 2cm にそれぞれ裁断する。
5 接着芯の付いている縫代側にアイロンを強く当て、つぶす様にすれば、ほつれにくくなり、裁ち目かがりの必要はない。（写真 B）
6 前身頃の衿ぐり、前端、裾の一部に伸び止めテープを貼る。（写真 A）
7 裏地を裁断し、印を付ける。（袖の接ぎ目をつけず、袖製図の斜線部分はダーツとする。）
8 前後の見返しに接着芯 B を貼り、印を付ける。

ポイント
接着芯の使い分け
裂織は、糊が強くてかたい芯を使うと、風合いが損なわれるので、総じて柔らかい芯を使用する。

接着芯の貼り方図

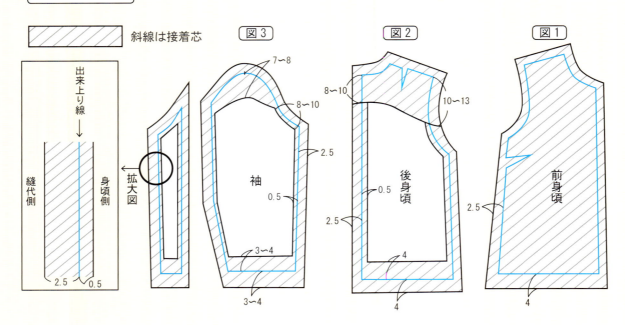

3. 本縫い （説明の写真は、すべて縫いあがったものです）

① 表身頃を縫う

C-1　　C-2

C-3　　C-4

1 胸ダーツ、肩ダーツを縫い、ある程度切り込みを入れて割る。（写真 C 1〜4）割った部分に接着芯を貼る。

> **アイロンがけの注意点**
> 裏面にアイロンをかけるとき、アイロン台の上にドライタオルをのせ、その上に織布を置きアイロンをかける。表面の場合は必ずドライタオルなどの当て布の上からかける。こうすると織地の風合いを損なわない。

2 後中心を縫い、割る。

3 後衿ぐりに伸び止めテープを貼る。

4 肩・脇を縫い合わせ、割る。

5 裾の始末をする。裾の出来上がりに折り上げ、奥まつりをする。縫代がほつれるようであれば、躾糸などで粗く裁ち目かがりをする。

45

② 裏身頃を縫う　※裏地は作りやすさ、着心地に関わるので、なるべく良質なものをお勧めします。

1. 前身頃のダーツを縫い、アイロンで片返しにする。接着芯Bを貼った前見返しと縫い合わせ、縫代を身頃側になるようアイロンをかける。
2. 肩ダーツと後中心を縫う。後中心は印より0.5cm外側（きせ分）を縫い、縫代1.5cmに切る。印を片返しして、アイロンをかける。接着芯Bを貼った見返しと後身頃を縫い合わせ、縫代を身頃側になるようアイロンをかける。
3. 肩を縫い、割る。
4. 脇を縫う。印より、0.2cm外側を縫い、縫代を1.5cmに切り揃え、後ろ身頃側に片返す。

裏身頃の完成図

③ 表身頃と裏身頃を縫い合わせる

1. 表と裏の身頃を中表に合わせ、前端・衿ぐりを縫う。この時、表身頃の前端・衿ぐりは0.2〜0.3cm外側を、裏身頃は印通りに縫い合わせる。縫代を1〜1.2cmぐらいに切り揃え、表に返し、アイロンで整え、後にステッチミシンを掛けるので前端、衿ぐりにしっかり躾けをしておく。
2. 表・裏の袖ぐりを合わせる。裏布にゆとりを持たせるため、裏袖ぐりは印より0.3〜0.5cm外側と、表袖ぐりの印を合わせ、印より2〜3cm離し、躾けをする。
3. 表・裏を合わせ、袖ぐりの印通り、少し細めの糸で通し躾けをしておく。

4. 裾の始末をする。見返しの裾を表にまつりつける。裏布を出来上がりより2cm控えて折り上げ、躾けをして奥まつりする。

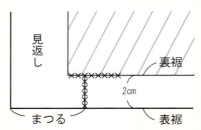

5. 前端、衿ぐりに0.8〜1cmのステッチミシンをかける。

見返しのおしゃれ

テープを作る時、着物地の一部を残し見返しなどに使います。色合いや雰囲気が合うのは勿論のこと、生地の記憶にもなり一層愛着が湧いてきます。（傷みのある布は使用しないほうが良いです）

④ 袖作り・袖付け　織幅32cmのため、2枚袖になっています。

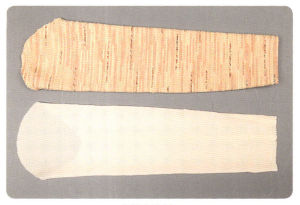

表袖と裏袖

1. 表袖の接ぎ目と袖下を縫い、割る。
2. 袖山にいせこみ用のぐし縫いをする。
3. 表袖口の始末、袖口の印を折り上げ奥まつりをする。
4. 裏袖を縫う。袖下とダーツの印の0.2～0.3cm（きせ分）外側を縫い、縫い代1～1.2cmに切り、外袖側に片返し、表袖下の縫い代に中とじする。

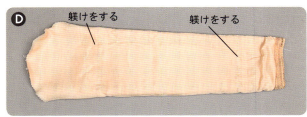

躾けをする　　躾けをする

5. 表袖と裏袖を合わせ、袖山から7～8cm下、袖口から7～8cm上がったところにそれぞれ粗く躾けをする。（写真 D）

6. 裏袖口は出来上がり1.5～2cm控えて折り上げまつり付けるが、裏布に少しゆとりを持たせる。（写真 D）
7. 裏袖山の縫い代にいせこみ用のぐし縫いをする。
8. 表袖山をいせこみ、アイロンで袖山を整える。
9. 表袖のみ、身頃に縫い付ける。印に合わせ躾けをし、まず印通りに縫う。次に印より0.5cm外側を縫い、縫い代1cmに切り揃える。躾糸などでかがっておく。

> **ポイント**
> 袖山より、前後それぞれ7～8cmに市販のユキ綿（ない場合は裏布などでもよい）を縫い代に躾糸で縫いつけると、袖山がふっくら美しく仕上がる。

10. 裏袖を付ける。表袖がつれないように裏布にゆとりをもたせ、表袖付のミシン目にまつり付ける。（ミシン糸をすくわないように）

⑤ 仕上げ　ボタン用ループを作り、ボタンつけ・肩パット等好みに合わせてつける。

泥染ジャケット
白反物／つぶし織り

奄美大島で白反物を泥染し、むら染めの部分をランダムに織りました。

あとがき

ハーフバイアス裂織の技法を思い付いた事により、上質なシルクの着物の美しさを生かした布を織ることができ、作品を見て触った方々が"裂織のイメージが変わった"と言われるのを聞くたび、本当に良かったと思います。

裂織をされている方、これから裂織を始めようと思っている方、この作品集をごらんになり、いくらかの参考になりお役に立てば大変嬉しく思います。

いろいろご協力下さった方々に感謝致します。

榊原順子

榊原順子 略歴
profile - Junko Sakakibara

日本手織協会にて、田村彰三氏より織物を学ぶ。
その後、織物教室を開き現在に至る。
裂織の今研究会会員
2010　第3回あなたが選ぶ信州裂織展出品　大賞受賞
2011　全国裂織公募展出品　奨励賞受賞
2013　裂織の今研究会公募展出品　奨励賞受賞
2015　裂織の今研究会公募展出品　優秀賞受賞

布の提供者（50音順）
新ミツエ　伊藤倫子　小沢房枝　篠田容子
田中武子　高越容子　日比節子　山科敬子
提供していただき、ありがとうございました。

榊原順子作品集
ハーフバイアス裂織 ～着物地の美しさを生かして～
2016年8月31日　発行

著　者　榊原順子
撮　影　イ・ジュン
レイアウト　吉川智香子
編　集　島野聡子
発行人　浅井潤一
発行所　株式会社　亥辰舎
〒612-8438 京都市伏見区深草フチ町1-3
TEL 075-644-8141　FAX 075-644-5225
http://www.ishinsha.com

印刷所　土山印刷株式会社

定価はカバーに表示しています。
ISBN978-4-904850-55-8

©ISHINSHA 2016 Printed in Japan
本誌掲載の写真、記事の無断転載を禁じます。